Carlo Maria Martini

VIA CRUCIS

Carlo Maria Martini

VIA CRUCIS

Meditationen zum Kreuzweg des Herrn

benno

Titel der italienischen Originalausgabe:
VIA CRUCIS
Dolore di Dio, storia dell'uomo
© 2011 EDIZIONI SAN PAOLO s.r.l., Cinisello Balsamo (Mailand)
Übersetzt von Hermann J. Benning

Bibliografische Information der Deutschen Nationalbibliothek
Die Deutsche Nationalbibliothek verzeichnet diese Publikation in
der Deutschen Nationalbibliografie; detaillierte bibliografische Daten
sind im Internet unter http://dnb.d-nb.de abrufbar.

Bitte besuchen Sie uns im Internet:
www. st-benno.de

ISBN 978-3-7462-3319-2

© St. Benno-Verlag GmbH
04159 Leipzig, Stammerstr. 11
Umschlaggestaltung: Ulrike Vetter, Leipzig
Umschlagabbildung: © Mike Kier/Fotolia.de
Gesamtherstellung: Kontext, Lemsel (A)

Inhaltsverzeichnis

Der Kreuzweg in Jerusalem und Mailand	7
Meditationen zum Kreuzweg nach der Bibel	15
Jesus am Ölberg	17
Jesus, von Judas verraten, wird festgenommen	23
Jesus wird vom Hohen Rat verurteilt	27
Jesus wird von Petrus verleugnet	31
Jesus wird von Pilatus verurteilt	35
Jesus wird gegeißelt und mit Dornen gekrönt	39
Jesus wird das Kreuz aufgelegt	43
Simon von Zyrene hilft Jesus das Kreuz zu tragen	49
Jesus begegnet den Frauen von Jerusalem	55
Jesus wird gekreuzigt	61
Jesus verspricht sein Reich dem reumütigen Verbrecher	67
Jesus am Kreuz, die Mutter und der Jünger	71
Jesus stirbt am Kreuz	77
Jesus wird ins Grab gelegt	81
Via Crucis	86
Biografie	92

Versuche den Sinn der Armut Christi zu ergründen, wenn du reich sein willst. Versuche den Sinn seiner Schwachheit zu ergründen, wenn du heil werden möchtest. Versuche den Sinn seines Kreuzes zu ergründen, wenn du nicht in Verwirrung geraten möchtest; den Sinn seiner Wunde, wenn du an deinen eigenen genesen möchtest; den Sinn seines Todes, wenn du das ewige Leben gewinnen willst; den Sinn seiner Grablegung, wenn du die Auferstehung erfahren willst.

Ambrosius

Der Kreuzweg in Jerusalem und Mailand

Im visuellen Gedächtnis sind allgemein wohl am nachhaltigsten die symbolträchtigen Bilder des Kreuzweges in dem feierlichen abendlichen Ritual, das nunmehr seit vielen Jahren jeden Karfreitag in Anwesenheit des Papstes im Scheinwerferlicht der Fernsehsender im Kolosseum stattfindet. Wenige aber wissen, dass die „Stationen" in diesem römischen Amphitheater am 27. Dezember 1750 von einem Franziskaner, dem hl. Leonhard von Porto Maurizio (1676-1751) aus Ligurien, errichtet worden sind. Er war über mehr als vier Jahrzehnte der meistgefragte Prediger Italiens, der landauf, landab seine „Missionen" hielt (insgesamt 343). Häufig beendete er seine Volksmissionen, indem er einen Kreuzweg aufstellte (er errichtete 572!), und gab damit Impulse für eine Volksfrömmigkeit, die auf die vorausgehenden Jahrhunderte zurückging.

Der Erste, der diese Folge betenden Verweilens beziehungsweise der „Stationen" eingeführt hat, die die verschiedenen Ereignisse der letzten Stunden im Leben Christi ins Bild setzen (nach den Evangelien oder Apokryphen), scheint der selige spanische Dominikaner Alvaro von Cordoba im 15. Jahrhundert gewesen zu sein. Dieser wollte nach der Rückkehr von einer Pilgerreise ins Heilige Land seine Erinnerungen an diese örtlich gebundene spirituelle Erfahrung weiter lebendig erhalten. Tatsächlich aber findet sich der am weitesten zurückliegende Ursprung dieser Andachtsform, die bis auf den heutigen Tag in der Volksfrömmigkeit lebendig ist, in der Zeit der Kreuzzüge, zwischen dem 12. und 14. Jahrhundert. Die kämpfenden Pilger hatten nach der Rückkehr in ihre Heimatländer noch die heiligen Stätten vor Augen – vor allem jene, die im Zusammenhang mit den letzten Stunden des irdischen Lebens Jesu standen – und waren weiter unter diesem Eindruck; sie wollten in ihrer alltäglichen Lebensumgebung die Erinnerung daran sinnbildlich wachhalten.

So kam es, dass nach und nach fast alle Kirchen mit Darstellungen oder Holzkreuzen ausgestattet wurden, die diese Szenen neu ins Gedächtnis rufen, zunächst in variabler Zahl (meist sieben); alsbald aber bildete man sie in den klassischen vierzehn „Stationen" ab: Jesus wird zum Tod verurteilt; er nimmt das Kreuz auf sich und fällt drei Mal unter dem Kreuz; die Begegnungen mit den Frauen aus Jerusalem, mit Simon von Zyrene, mit seiner Mutter und mit Veronika (die beiden letzteren sind keine Episoden aus den Evangelien); die Beraubung seiner Kleidung; die Kreuzigung; sein Tod; die Abnahme vom Kreuz und seine Grablegung. In den letzten Jahrzehnten hat sich der Brauch durchgesetzt – der bereits im 18. Jahrhundert aufgekommen war –, eine Abfolge zu wählen, die getreuer den Berichten in den Evangelien entspricht. Dafür entschied auch ich mich, als ich im Auftrag von Benedikt XVI. für den Karfreitag im Jahr 2007 im Kolosseum den Text nach dem Lukasevangelium als Leitorientierung vorschlug, neu aufgegriffen in einem narrativ-meditativen Stil. Auch im Folgenden führt uns Kardinal Carlo Maria Martini mit seinen aussagestarken lichtvollen Gedanken auf einen Kreuzweg in dieser Art.

Doch kommen wir auf die wahre, grundlegende Wurzel der Entstehung dieser Andachtsform, die übrigens auch in der Kunstgeschichte ihren Widerhall fand: Denken wir beispielsweise an den Kreuzweg von Gian Domenico Tiepolo aus dem 18. Jahrhundert in der venezianischen Kirche San Paolo, im Besonderen aber an die beiden zeitgenössischen Zeugnisse, die in dieser Veröffentlichung im Vordergrund stehen: zum einen die bewundernswerte originelle Folge der Darstellungen von Lucio Fontana in der Kirche San Fedele in Mailand und zum anderen die des jungen Künstlers Nicola Samorì. In der Altstadt von Jerusalem gibt es eine Gasse, die noch heute den lateinischen Namen Via Dolorosa trägt. Auf ihr bewegte sich an einem Frühlingstag in einem der Jahre zwischen 30 und 33 ein Pulk von Leuten, angeführt von einem römischen Hauptmann, der als

Scharfrichter beauftragt und somit verantwortlich war für die Vollstreckung der Todesstrafe an einem zu einer qualvollen Hinrichtung Verurteilten, zu einem servile supplicium (wie schon Cicero das nannte), jener Bestrafung, die nur bei Sklaven und antirömischen Aufständischen angewandt wurde: die Kreuzigung. Noch heute gehen Pilger mehr oder weniger auf den gleichen Spuren diesen Weg, wobei sie ein Holzkreuz auf ihrer Schulter tragen. So wiederholen sie gleichsam dieses Geschehen und leben es neu, wie es der französische Dichter Pierre Emmanuel in einem Vers in seinem Évangéliaire (1961) zum Ausdruck bringt: „Herr, seit nunmehr zweitausend Jahren strömt das Blut deiner Schritte auf die Straßen."

Tatsächlich ging der schon durch die Torturen der Geißelung schwer gezeichnete Verurteilte voran und trug nur das patibulum, den Querbalken jenes Kreuzes, dessen senkrechter Balken im Felsgestein oben auf einer kleinen Anhöhe bereits aufgerichtet war. Es war ein Ort außerhalb der Stadtmauern Jerusalems, der auf Aramäisch Golgota und auf Lateinisch Calvaria genannt wurde, das heißt „Schädelstätte", wohl wegen der Form der hügeligen Erhebung. Für Jesus von Nazaret war das die letzte Etappe eines Geschehens, das danach in die Geschichte der Menschheit einging und allseits bekannt wurde. Begonnen hatte es in tiefer Dunkelheit am Vorabend unter den Olivenbäumen eines

Hains mit Namen Getsemani, was „Olivenpresse" bedeutet. Er lag im Osten der heiligen Stadt, auf der anderen Seite des Baches Kidron („das Dunkel") zu Füßen des Ölbergs. Diese Vorgänge waren zunehmend auch Gesprächsstoff in den Palästen der religiösen Macht, im Synedrium, dem jüdischen Hohen Rat, aber auch der römischen Macht, im römischen Prätorium, dem Amtssitz des kaiserlichen Statthalters Pontius Pilatus.

Das Ganze endete dann auf jener Anhöhe in einem langen Todeskampf, der von der Mittagstunde bis um drei Uhr nachmittags dauerte. Jesus hat „sieben Worte" gesprochen, die Haydn uns in einer ergreifenden Komposition überliefert hat. An diejenigen, die ihn kreuzigten, gerichtet: „Vater, vergib ihnen, denn sie wissen nicht, was sie tun" (Lk 23,34). An seine Mutter und seinen Lieblingsjünger Johannes gewandt: „Frau, siehe, dein Sohn! – Siehe, deine Mutter" (Joh 19,26-27). Das Wort an den reumütigen Verbrecher, möglicherweise war das ein antirömischer Aufrührer: „Amen, ich sage dir: Heute noch wirst du mit mir im Paradies sein" (Lk 23,43). Dann: „Eli, Eli, lema sabachtani! – Mein Gott, mein Gott, warum hast du mich verlassen!" (Mt 27,46), das sind Worte aus dem Psalm 22. „Mich dürstet" (Joh 19,28) . „Es ist vollbracht!" (Joh 19,30) und „Vater, in deine Hände lege ich meinen Geist" (Lk 23,46), nach Psalm 31.

Der Kreuzweg in Jerusalem und Mailand

Gemäß römischer Praxis mussten die Verstorbenen am Kreuz hängen bleiben bis zur Verwesung des Leichnams, der dabei zudem von wilden Tieren geschändet wurde. Es war jedoch auch möglich, dass Verwandte die Erlaubnis erhielten, dass man ihnen den toten Körper für eine Privatbestattung überließ. Im Jahre 1969 wurde in Jerusalem ein Knochenfund gezeigt; das Skelett stammte von einem Toten, dessen Grab man im Viertel Giv'at-Ha Mivtar gefunden hatte. Daran konnte man sehen, dass die Knöchel seitlich mit einem Nagel durchbohrt waren, Indiz für eine Kreuzigung. Man fand sogar den Namen dieses Verurteilten heraus: Jehohanan (Johannes). Möglicherweise war er der aufrührerische Sohn einer wohlhabenden Familie, der vom Statthalter der Leichnam des Gekreuzigten überlassen worden war. Gleiches gilt auch für Christus, auf Betreiben eines seiner Jünger aus der bürgerlichen Schicht, der ihm insgeheim gefolgt war: Josef von Arimatäa (Rama in Ephraim, nahe der heutigen Ortschaft Lod), der dafür seine Familiengrabstätte in Jerusalem zur Verfügung stellte.

Der Kreuzweg bleibt in jedem Fall nicht nur Sinnbild einer Geschichte aus der Vergangenheit, sondern auch einer global andauernden Erfahrung des Schmerzes und des Todes, des Glaubens und der Hoffnung. Wie kann man sich da nicht an die bewegende Szene Jesu erinnern, der seinen Weg geht und das Kreuz trägt, wobei seine Füße im Schnee einer weiten russischen Ebene versinken und Blutspuren hinterlassen, wie sie Tarkowski in seinem Film Andrej Rubljow (1969) dargestellt hat? Oder wie sollte man hier nicht die Verse des argentinischen Lyrikers Borges aus Christus am Kreuz zitieren: „Der dunkle Bart hängt über seinem Brustkorb. / Sein Antlitz ist nicht mehr das Antlitz der Maler. / Es ist ein strenges jüdisches Antlitz. / Ich sehe ihn nicht, / doch ich werde ihn beharrlich weiter suchen / bis zum Tag / meiner letzten Schritte auf dieser Erde."?

Als sich die ersten Vorboten jener Einstellung zeigten – was mittlerweile immer häufiger passiert –, dass man dazu neigt, alle religiösen Zeichen aus der Öffentlichkeit zu verbannen, in erster Linie die Kreuze, schrieb die italienische Schriftstellerin Natalia Ginzburg in einem Artikel für die kommunistische Tageszeitung L'Unità, bezeichnenderweise unter der Überschrift „Lasst jenes Kruzifix hängen" folgende Worte: „Er ist da, stumm und schweigend. Er ist das Sinnbild des menschlichen Schmerzes, der Einsamkeit des Todes. Ich kenne keine anderen Zeichen, die mit solcher Wucht die Bedeutung unseres Geschicks sichtbar machen. Das Kreuz gehört zur Geschichte der Welt." In diesem Licht kann der Kreuzweg, selbst im sakralen Charakter einer Andacht und thematisch im Kontext seiner christlichen Identität, zu einer Parabel werden. Sie hat allen etwas zu sagen, weil sie die Machtexzesse, die Ungerechtigkeiten, den Hass und die Liebe, das Leben und den Tod, den Schmerz und die Hoffnung, die Geschichte und das Transzendente ins Bewusstsein rückt.

KARDINAL GIANFRANCO RAVASI

KARDINAL CARLO MARIA MARTINI

Meditationen zum Kreuzweg

I
Jesus am Ölberg

Mk 14,32-38

Sie kamen zu einem Grundstück, das Getsemani heißt, und er sagte zu seinen Jüngern: Setzt euch und wartet hier, während ich bete. Und er nahm Petrus, Jakobus und Johannes mit sich. Da ergriff ihn Furcht und Angst, und er sagte zu ihnen: Meine Seele ist zu Tode betrübt. Bleibt hier und wacht! Und er ging ein Stück weiter, warf sich auf die Erde nieder und betete, dass die Stunde, wenn möglich, an ihm vorübergehe. Er sprach: Abba, Vater, alles ist dir möglich. Nimm diesen Kelch von mir! Aber nicht, was ich will, sondern was du willst (soll geschehen). Und er ging zurück und fand sie schlafend. Da sagte er zu Petrus: Simon, du schläfst? Konntest du nicht einmal eine Stunde wach bleiben? Wacht und betet, damit ihr nicht in Versuchung geratet. Der Geist ist willig, aber das Fleisch ist schwach.

Jesus am Ölberg

Jesus, wir möchten dir auf dem Weg des Kreuzes folgen. Mit dir möchten wir auf den Ölberg gehen, in jenen Garten mit Namen Getsemani, um unser Gebet mit dem deinen zu vereinen.

Doch wie den Jüngern fällt uns das sehr schwer! Bei ihnen war es die Müdigkeit vom  vorausgegangenen Tag, das finstere Schweigen der Nacht mit dunklen Vorahnungen dessen, was passieren würde. Wir werden, vor allem wenn wir ein wenig länger mit dir wachend aushalten wollen, von Schimären bedrängt, die unsere Herzen aufwühlen und uns das Beten zu einer Last machen.

Wir fühlen uns stark geneigt, zu fliehen, den Kopf in den Sand zu stecken, uns Zerstreuungen hinzugeben, die uns von diesem Albtraum befreien. Es gelingt uns nicht, deine schreckliche Angst mit dir zu teilen, und vor allem schaffen wir es nicht, sie mit deinem Gebet in Einklang zu bringen. Selbst deine Worte über die Versuchung, in die wir geraten, vernehmen wir in dieser inneren Abgestumpftheit, unfähig zu verstehen. Der Schlaf lässt unsere Glieder schwer werden, er verschließt unser Herz.

In der Zwischenzeit sammelt sich Jesus mit seinem ganzen Wesen in dem großen, alles entscheidenden Gebet: „Abbà, Vater, alles ist dir möglich. Nimm diesen Kelch von mir! Aber nicht, was ich will, sondern was du willst, soll geschehen."

Jesus am Ölberg

Jesus, du hast die Auflehnung gegen den Willen des Vaters, der deinen Erwartungen nicht entgegenkam, bis in deinem tiefsten Innern erfahren wollen. Auch wir spüren manchmal in uns diesen Widerwillen. Du hast dein Ja zur Niedergeschlagenheit in Todtraurigkeit gesagt. In manchen Momenten  unseres Lebens kann es passieren, dass auch wir an diesen Punkt kommen. Hilf uns, dass wir nicht erschrecken vor diesem Widerstand, wenn wir spüren, dass er sich in uns breit zu machen beginnt. Steh uns bei, dass wir nicht aufgeben und auch nicht denken, wir hätten in solcher inneren Not gar keine andere Wahl als zu resignieren. Es ist notwendig, dass wir die Zähne zusammenbeißen, vor allem aber, dass wir auf die Kraft des Geistes vertrauen, der in uns am Werk ist. Aus der Kraft dessen, der uns erlöst hat, können wir den Sieg immer davontragen.

II

Jesus, von Judas verraten, wird festgenommen

Mt 26,47-50

Während er noch redete, kam Judas, einer der Zwölf, mit einer großen Schar von Männern, die mit Schwertern und Knüppeln bewaffnet waren; sie waren von den Hohenpriestern und den Ältesten des Volkes geschickt worden. Der Verräter hatte mit ihnen ein Zeichen verabredet und gesagt: Der, den ich küssen werde, der ist es; nehmt ihn fest. Sogleich ging er auf Jesus zu und sagte: Sei gegrüßt, Rabbi! Und er küsste ihn. Jesus erwiderte ihm: Freund, dazu bist du gekommen? Da gingen sie auf Jesus zu, ergriffen ihn und nahmen ihn fest.

„Nein, du bist es,
ein Mensch aus meiner Umgebung,
mein Freund, mein Vertrauter,
mit dem ich, in Freundschaft verbunden,
zum Haus gottes gepilgert bin
inmitten der Menge."

(Ps 55,14-15)

Jesus, von Judas verraten, wird festgenommen

Herr Jesus, den Worten dieses Psalms können wir ein wenig deinen Schmerz entnehmen. Du erfährst den Verrat eines Freundes. Das muss ein ganz schrecklicher Moment gewesen sein. Derjenige, den du erwählt und mit so viel Liebe umsorgt hattest, er steht jetzt vor dir als Anführer jener, die dich festnehmen wollen, und verwendet dabei jene Geste, die Ausdruck inniger Freundschaft ist.

Die Konsequenz daraus ist, dass „sie Hand an dich legen". So endet dein Leben als freier Mensch. Von jetzt an wirst du von anderen geführt, und sie bringen dich dorthin, wohin du nicht möchtest.

In den Händen anderer zu sein, das ist lediglich der Beginn einer Vergewaltigung deines Leibes, die bis zu deiner Entfernung aus dieser Welt geht.

Wir bitten dich, Herr, dass wir der Freundschaft treu bleiben und angesichts der Treulosigkeit anderer nicht erschrecken. Gewähre uns, dass wir an deiner Hingabebereitschaft teilnehmen, mit der du diesen fürchterlichen Misserfolg deines Werkes als Lehrmeister annimmst und dich von Händen ergreifen lässt, die dich hassen.

III

Jesus wird vom Hohen Rat verurteilt

(Mk 14,55.60-64)

Die Hohenpriester und der ganze Hohe Rat bemühten sich um Zeugenaussagen gegen Jesus, um ihn zum Tod verurteilen zu können; sie fanden aber nichts... Da stand der Hohepriester auf, trat in die Mitte und fragte Jesus: Willst du denn nichts sagen zu dem, was diese Leute gegen dich vorbringen? Er aber schwieg und gab keine Antwort. Da wandte sich der Hohepriester nochmals an ihn und fragte: Bist du der Messias, der Sohn des Hochgelobten? Jesus sagte: Ich bin es. Und ihr werdet den Menschensohn zur Rechten der Macht sitzen und mit den Wolken des Himmels kommen sehen. Da zerriss der Hohepriester sein Gewand und rief: Wozu brauchen wir noch Zeugen? Ihr habt die Gotteslästerung gehört. Was ist eure Meinung? Und sie fällten einstimmig das Urteil: Er ist schuldig und muss sterben.

Jesus wird vom Hohen Rat verurteilt

Jesus, du zeigst dich der Menschheit wie ein Armer, der seitens der Vertreter des Volkes keinerlei Achtung erfährt, ja in ihren Augen nicht einmal verdient zu leben. Er soll aus dem Verzeichnis der Lebenden ausgelöscht werden!

Herr, wir wissen, dass es unsere Sünden sind, durch die du solche Ablehnung erfährst. In Demut bitten wir dich um Vergebung.

Lass nicht zu, so bitten wir dich, dass wir in Situationen versagen, in denen wir dazu neigen, andere in ungerechter Weise zu verurteilen. Gib uns, dass wir allen gegenüber den schuldigen Respekt wahren.

Herr Jesus, warum hast du dich nicht verteidigt? Du lässt zu, dass die menschliche Bosheit ihren Lauf nimmt und sich der Wille der Menschen kundtut, dich aus der Welt und Geschichte zu verbannen. Diese deine Haltung vermögen wir nicht so ganz zu verstehen: Aber wir wollen lernen zu schweigen in jenen Situationen, in die wir manchmal hineingeraten, in denen eine Selbstverteidigung Spuren unseres Hochmuts offenbaren würde.

Jesus, wir machen uns die Worte des Hohenpriesters zu eigen, um dir zu sagen, dass du in Wahrheit der Christus bist, der Sohn des Hochgepriesenen, der zur Rechten der Macht sitzt, und wir erwarten deine Wiederkunft in Herrlichkeit.

IV

Jesus wird von Petrus verleugnet

(Mk 14,66-72)

Als Petrus unten im Hof war, kam eine von den Mägden des Hohenpriesters. Sie sah, wie Petrus sich wärmte, blickte ihn an und sagte: Auch du warst mit diesem Jesus aus Nazaret zusammen. Doch er leugnete es und sagte: Ich weiß nicht und verstehe nicht, wovon du redest. Dann ging er in den Vorhof hinaus. Als die Magd ihn dort bemerkte, sagte sie zu denen, die dabeistanden, noch einmal: Der gehört zu ihnen. Er aber leugnete es wieder ab. Wenig später sagten die Leute, die dort standen, von neuem zu Petrus: Du gehörst wirklich zu ihnen; du bist doch auch ein Galiläer. Da fing er an zu fluchen und schwor: Ich kenne diesen Menschen nicht, von dem ihr redet. Gleich darauf krähte der Hahn zum zweiten Mal, und Petrus erinnerte sich, dass Jesus zu ihm gesagt hatte: Ehe der Hahn zweimal kräht, wirst du mich dreimal verleugnen. Und er begann zu weinen.

„Auch mein Freund, dem ich vertraute,
der mein Brot aß, hat gegen mich geprahlt."

(Ps 41,10)

Jesus wird von Petrus verleugnet

Mehr noch als gegenüber Judas wiederholst du, Jesus, diese Worte der Enttäuschung gegenüber jenem Jünger, den du mit so viel Mühe umsorgt hattest! Jetzt hat er Angst, eine Angst, die sich seines Leibes bemächtigt und ihn an all seinen Gliedern erbeben lässt. Die erste Verleugnung führt zu Bitterkeit und Enttäuschung über sich selbst, die zweite zu einer tiefen inneren Verwirrung und die dritte löst einen Sturm der Gefühle aus.

Jesus, Herr, auch wir tun uns schwer, deine Königswürde in der Öffentlichkeit zu bekennen. Immer wieder haben wir nicht offen gesagt, dass wir Christen sind – aus purer Angst.

Aber die Tatsache, dass Petrus, dem Jesus so viele Zeichen seiner Zuneigung gegeben hatte und der ein beherzter, resoluter Mann zu sein schien, Opfer der Angst wurde, ist auch Grund zum Trost in unserer eigenen Schwachheit. Noch kurz vorher hatte Petrus behauptet: „Auch wenn alle an dir Anstoß nehmen – ich nicht", und dem mit großem Nachdruck hinzugefügt: „Und wenn ich mit dir sterben müsste – ich werde dich nicht verleugnen." Jetzt gerät er aus ganz nichtigem Anlass in die Irre und verliert sich.

Herr Jesus, füge auch für uns so etwas wie den Hahnenschrei, damit wir nachdenklich werden; denn auch wenn wir den Herrn verraten haben, können wir über unsere Sünden weinen und dafür Vergebung erlangen.

V

Jesus wird von Pilatus verurteilt

(Mk 15,14-15)

Pilatus entgegnete: Was hat er denn für ein Verbrechen begangen? Sie schrien noch lauter: Kreuzige ihn! Darauf ließ Pilatus, um die Menge zufrieden zu stellen, Barabbas frei und gab den Befehl, Jesus zu geißeln und zu kreuzigen.

Jesus wird von Pilatus verurteilt

Herr Jesus, die Menschenmengen, die dir in Galiläa begeistert gefolgt waren, die dir in Jerusalem Beifall bekundeten, als du den Schriftgelehrten und Pharisäern gehörig die Leviten gelesen hast, wo sind sie jetzt? Du fühlst dich dem Zorn des Volkes ausgeliefert und weißt, dass es verblendet  und grausam ist. Die Massen folgen nicht der Vernunft, sie lassen sich von gewandten skrupellosen Demagogen lenken, sie dürsten nach Blut. Die Rachegelüste aufgrund der Last so vieler Ungerechtigkeiten und Missstände kommen voll zum Ausbruch und toben sich gegen einen armen Unschuldigen aus, dem man einzig und allein vorwerfen kann, dass er sich nicht verteidigen will oder es nicht vermag. Es wiederholt sich das makabre teuflische Ritual an einem armen Opfer, auf das sich der Hass aller entlädt. Aber du weißt, Jesus, dass durch deine Opfergabe dieses satanische Spiel entlarvt wird, das sich am Ende deines Leidens als Apokalypse des Hasses zeigt. Von da an ist keine Opfergabe mehr notwendig, auch wenn die Menschen weiter in diesem Wahnsinn der Gewalt verharren. Aber dank deines Opfers, Herr, ist deine Gerechtigkeit dazu bestimmt zu triumphieren.

Wir leiden mit dir und für dich. Aus Liebe zu uns akzeptierst du es, dich einem menschlichen Gericht zu unterwerfen, damit wir aus dem Teufelskreis der Vergeltung befreit werden. Im inneren Unfrieden so vieler Menschen, der sich gegen ihren Wohltäter austobt, erkennen wir unsere konfusen, unsicheren Herzen, die viel Unheil anrichten können, wenn sie sich von ihren Gefühlen überwältigen lassen.

Herr Jesus, nimm du unser Herz in Besitz, damit wir uns frei machen von jeglicher Versuchung zur Gewalt.

VI

Jesus wird gegeißelt und mit Dornen gekrönt

(Mk 15,17-19)

Dann legten sie ihm einen Purpurmantel um und flochten einen Dornenkranz; den setzten sie ihm auf und grüßten ihn: Heil dir, König der Juden! Sie schlugen ihm mit einem Stock auf den Kopf und spuckten ihn an, knieten vor ihm nieder und huldigten ihm.

Jesus wird gegeißelt und mit Dornen gekrönt

Jesus, Herr, wir nennen dich nicht nur König der Juden, sondern des ganzen Universums. Die Verhöhnung der Soldaten deiner anbetungswürdigen Person trifft dich in deinem Innersten: Das Bewusstsein, das du von dir selbst als König und Erlöser hast, wird lächerlich gemacht. Doch durch

ihre grundlose Grausamkeit proklamieren die Soldaten in Wahrheit deine Herrschaft über die Welt. Das vollzieht sich durch die Geduld und die Demütigungen, denen du dich unterwirfst.

Herr Jesus, du hast auf die Schmähungen nicht geantwortet, leidend hast du nicht mit Vergeltung gedroht; du hast vielmehr deine Sache dem überlassen, der mit Gerechtigkeit urteilt. Von deiner Seite aus hast du denen, die dich gekränkt haben, vergeben und hast für sie gebetet. Durch deine Wunden, Herr, sind wir geheilt. Gib uns, dass wir allen Aggressionen gegenüber in sanftmütiger Haltung bleiben. Mach, dass wir unsererseits fähig werden, die Flammen der Konflikte eher zu löschen als sie anzufachen. Gewähre uns, dass wir die Heimsuchungen um deinetwillen als Gnade wahrnehmen. Gib uns, dass wir auch in solchen Situationen dich zu loben vermögen; mach, dass wir mit Geduld auch das ungerechte Leid ertragen. Gewähre uns, dass wir das Erleiden jeder Art von Prüfungen als vollkommene Freude betrachten, und mach, dass wir dir in der tiefen Freude des Herzens ähnlich werden.

VII

Jesus wird das Kreuz aufgelegt

(Mk 15,20)

Nachdem sie so ihren Spott mit ihm getrieben hatten, nahmen sie ihm den Purpurmantel ab und zogen ihm seine eigenen Kleider wieder an. Dann führten sie Jesus hinaus, um ihn zu kreuzigen.

Jesus wird das Kreuz aufgelegt

Herr Jesus, jetzt bist du ganz in den Händen der Menschen, die an dir, um dich zu verhöhnen, Handlungen vollziehen, die bis ins Persönlichste und Intimste reichen, wie das Entkleiden und Wiederanziehen. Du hast keinerlei Macht mehr über dich. In unserer Grausamkeit machen wir mit dir alles, was wir wollen.

Gewähre uns, Herr, dass wir uns in deine heiligen Händen legen, indem wir uns ihnen mit voller Zuversicht anvertrauen. Wir haben dich schlecht behandelt, aber souverän handelst du gut an uns. Mach, dass wir uns dir ganz hingeben.

Herr Jesus, jetzt, da wir dich als Zielscheibe des Gespötts der Menschen sehen, verstehen wir, was das Kreuz sagen will und was es bedeutet, es auf die Schulter zu nehmen. Mach, dass jeder von uns sein Kreuz mit Geduld und Liebe trägt, zuinnerst vereint mit der mühseligen Last hinauf zum Kalvarienberg.

Jesus, du weichst vor der Realität nicht aus: Sie besteht in deinem Gang zum Kalvarienberg, dem Tod am Kreuz entgegen. Du hast dir die Situationen des Schmerzes, der Einsamkeit und der Verlassenheit, in die der Sünder gerät, zu eigen gemacht. Du hast dich mit der Einsamkeit des Judas identifiziert, der dich verraten hat.

Jesus wird das Kreuz aufgelegt

schaft des Glaubens werden, genährt aus dem Glauben der ganzen Kirche. Mach, dass wir aus unserem Leben ein bedingungsloses Anhangen von Herzen machen im Blick auf die Kreuze, die du uns schicken wirst. Gewähre uns das Geschenk, dass wir in Bedrängnissen gelassen bleiben, bereit zur Barmherzigkeit gegenüber denen, die uns nah und fern sind.

VIII

Simon von Zyrene hilft Jesus das Kreuz zu tragen

(Mk 15,21)

Einen Mann, der gerade vom Feld kam, Simon von Zyrene, den Vater des Alexander und des Rufus, zwangen sie, sein Kreuz zu tragen.

Simon von Zyrene hilft Jesus das Kreuz zu tragen

Jesus, du willst unsere Hilfe brauchen und drängst uns fast, dir zu helfen. Du lädst uns ein, dass wir unser Kreuz auf uns nehmen und dir folgen. Manchmal wird es uns auferlegt, wie dem Simon von Zyrene. Wir ertragen es dann eher, als es von Herzen anzunehmen. Das geschieht vor allem in

sehr schmerzlichen Erkrankungen und in den unangenehmsten Situationen: Unsere allererste Reaktion ist Ablehnung, auch wenn sich das befürchtete Ereignis in jedem Fall bewahrheitet. Nach und nach lässt du uns verstehen, dass es, wenn wir diesem Kreuz wirklich nicht ausweichen können, besser ist, es mit positiver innerer Einstellung, mit Geduld und in Demut zu tragen, statt dass wir uns ihm widersetzen und uns beklagen.

Du lädst uns ein, dir auf dem Kreuzweg zu folgen, auf jenem Weg, an dem der Vater Gefallen gefunden hat (vgl. Mt 3,17). Er hat uns gesagt, dass wir auf dich hören sollen (vgl. Mt 17,5). Das ist der Weg, von dem du so oft gesprochen hast, wenn du sagtest: Gehen wir nach Jerusalem, der Menschensohn wird verraten werden, er wird getötet werden und am dritten Tag auferstehen (vgl. Mt 16,22-23).

be zu folgen, nach dem er es gezwungenermaßen getan hatte: Der Herr mache uns fähig, ihm gern zu dienen. Das ist auch am besten für uns. Aber wenn wir wirklich einem Kreuz nicht ausweichen können, das uns niederdrückt und in uns Widerstand wachruft, mach, dass wir es zumindest annehmen, so wie es der Mann aus Zyrene getan hat. Nach und nach werden auch wir so weit kommen, dieses Kreuz zu lieben und es dir nachfolgend gern zu tragen.

IX

Jesus begegnet den Frauen von Jerusalem

(Lk 23,27-28)

Es folgte eine große Menschenmenge, darunter auch Frauen, die um ihn klagten und weinten. Jesus wandte sich zu ihnen um und sagte: Ihr Frauen von Jerusalem, weint nicht über mich; weint über euch und eure Kinder ...

Jesus begegnet den Frauen von Jerusalem

Herr Jesus, schenke uns den Mut, wenigstens eine kurze Weile vor dir auszuharren. Wie die Frauen von Jerusalem blicken wir betrachtend auf deinen Schmerz. In ihm sind all unsere Sorgen inbegriffen, unsere Ängste, unsere Befürchtungen. Du stehst da mittendrin, an der Stelle von allem anderen. Lösche die anderen Dinge nicht aus und nimm sie auch nicht von uns weg; lass sie uns vielmehr im Einzelnen in einer neuen Weise verstehen.

Der Tradition nach wird hier an die Geste der Veronika erinnert, die sich Jesus mit einem Tuch nähert, um ihm das Blut und den Schweiß abzutrocknen. Diese Geste ist gleichsam das Urbild vieler anderer verborgener Gesten, mit denen wir am Schmerz des Mitmenschen Anteil nehmen. Solche Gesten gehen weit über das hinaus, was wir dabei äußerlich tun. Sie sind wie eine Aura, die in die Wunden des Alltags eindringt und ihn mit großmütiger Liebe, mit Wärme und Achtung erfüllt.

Gott möchte, dass wir von diesem Geist der persönlichen Hingabe beseelt sind, die auch den unscheinbarsten Dingen den Hauch des Geistes und die Leichtigkeit des Windes verleiht, der aufrichtet in die Höhe.

Die Tradition reiht unter den Frauen, denen Jesus begegnet, auch Maria, seine Mutter, ein. Wir werden sie erneut auf dem Kalvarienberg, unter

Jesus begegnet den Frauen von Jerusalem

dem Kreuz treffen. Aber schon von jetzt an bitten wir dich, Mutter der Hoffnung, deinen Sohn anzuflehen, er möge Erbarmen haben mit uns und möge uns suchen auf den Wegen unserer Ausflüchte und Feigheit. Du, Mutter der Geduld, lehre uns, achtzuhaben auf die Momente Gottes und auf die Offenbarung seines Reiches zu hoffen.

X

Jesus wird gekreuzigt

(Mk 15,24)

Dann kreuzigten sie ihn. Sie warfen das Los und verteilten seine Kleider unter sich und gaben jedem, was ihm zufiel.

Jesus wird gekreuzigt

Es ist wirklich zu groß, dieses Geheimnis der Liebe, das in der Person Jesu offenbar wird, denn wir haben den Eindruck, nicht eingeladen zu sein, schweigend vor ihm auszuharren. Aber wer fühlt sich darin nicht im Innersten seines Wesens hineingenommen? Es ist ein Moment des Innehaltens für jeden von uns, für mich, für dich.

Bringen wir unsere Sorgen zum Schweigen, überwinden wir unsere Ängste, lassen wir nicht zu, dass nur menschliche Wünsche unser Herz in Beschlag nehmen. Der gekreuzigte Christus steht im Mittelpunkt, an der Stelle von allem anderen; er löscht die anderen Dinge nicht aus und nimmt sie auch nicht von uns weg; vielmehr lässt er uns alles in einer neuen Weise verstehen.

Wir beten dich kniend an, Jesus, ohne Worte oder angemessene Gesten zu finden, um dir das zu sagen, was wir empfinden, was wir vor deinem aus Liebe zum Menschen geschundenen Leib verspüren. Hier hat alles seinen Gipfel erreicht. Hier, Herr, hast du uns offenbart, dass es in der Welt eine Liebe gibt, die stärker ist als jede Sünde, stärker als der Tod selbst. Dein Kreuz ist das Tor, durch das du unablässig in unser Leben trittst.

Jesus wird gekreuzigt

Ich bitte dich, Herr, öffne unser Herz und erfülle es mit Leidenschaft für den Alleinigen, dass wir auf das Geschenk deines Lebens antworten; mach uns fähig zu konkreten Gesten der Versöhnung. Wecke in uns die Bereitschaft, Raum zu schaffen für die anderen, ihnen mit Respekt und Liebe zu begegnen und ihnen das anzubieten, was du uns durch dein Kreuz geschenkt hast.

XI

Jesus verspricht sein Reich dem reumütigen Verbrecher

(Lk 23,39-42)

Einer der Verbrecher, die neben ihm hingen, verhöhnte ihn: Bist du denn nicht der Messias? Dann hilf dir selbst und auch uns! Der andere aber wies ihn zurecht und sagte: Nicht einmal du fürchtest Gott? Dich hat doch das gleiche Urteil getroffen. Uns geschieht recht, wir erhalten den Lohn für unsere Taten; dieser aber hat nichts Unrechtes getan. Dann sagte er: Jesus, denk an mich, wenn du in dein Reich kommst.

Jesus verspricht sein Reich dem reumütigen Verbrecher

Herr Jesus, du hast in den Finsternissen, die diese Welt umhüllen, einem Sünder die Pforten des Himmels geöffnet. Das ist der Einzige, der von Jesus selbst „heiliggesprochen" wurde, zu dem er gesagt hat: „Heute noch wirst du mit mir im Paradies sein!" Lass uns begreifen, darum bitten wir dich,

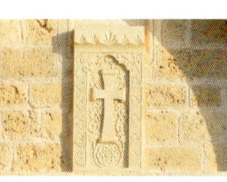

dass es keinen Abgrund gibt, aus dem wir Gott nicht anflehen und seine Barmherzigkeit nicht erfahren können. Erinnere uns daran, dass die körperlichen, geistlichen oder geistigen Prüfungen zu einer Stufe wie für den reumütigen Verbrecher werden können, um zum Himmel hinaufzusteigen. Du, der du einen Sünder berufen hast, als er am Sterben war, höre unseren Schrei; gewähre uns, dass wir an den letzten Tag unseres Lebens gelangen mit dem Willen, uns den Händen des Vaters zu überlassen, wie der Schächer sich dir überlassen hat.

Herr des Kreuzes, hilf uns jeden Tag von Neuem, an die Barmherzigkeit Gottes zu glauben.

Erinnere uns daran, dass wir immer unter dem Ernst des Kreuzes stehen sollen, dass wir es in der Gestalt des Schmerzes annehmen, der uns reinigt. Keiner von uns kann von sich behaupten, er sei ohne Sünde: Es ist notwendig, jeden Tag neu zu beginnen, als wäre es der erste, den Kampf in der Selbstüberwindung zu führen und uns deiner Barmherzigkeit anzuvertrauen.

XII

Jesus am Kreuz, die Mutter und der Jünger

(Joh 19,26-27)

Als Jesus seine Mutter sah und bei ihr den Jünger, den er liebte, sagte er zu seiner Mutter: Frau, siehe, dein Sohn! Dann sagte er zu dem Jünger: Siehe, deine Mutter! Und von jener Stunde an nahm sie der Jünger zu sich.

Jesus am Kreuz, die Mutter und der Jünger

Maria, unsere Mutter, du stehst vor uns als liebevolle und leidende Mutter, die ihre Kinder vom Kreuz her zeugt. Du spürst im Innern, dass weder dein Opfer noch das deines Sohnes vergeblich sind. Er hat uns bis zum Äußersten geliebt; der Vater hat ihn nicht verschont, sondern hat ihn hingeschenkt  für uns: Du vereinigst dich mit dieser grenzenlosen Liebe und umarmst uns alle als deine Kinder. Der Lieblingsjünger, der dir zu Füßen des Kreuzes anvertraut worden ist, steht sinnbildlich für jeden Einzelnen von uns.

Jesus, wir möchten uns in dich verlieben und haben den Wunsch, auf deine Liebe mit einer demütigen, aber zärtlichen und leidenschaftlichen Liebe zu antworten, bereit, mit dir zu sein in deinem Schmerz. Herr Jesus, diese Liebe, die du ausstrahlst, gibt uns die Möglichkeit, allen und zu jeder Zeit Zeugnis von der überreichen Fülle deiner Verheißungen zu geben. Sie macht uns frei vom Gefangensein in den Übeln der Gegenwart und von der Angst vor dem Tod. Sie lässt uns vertrauensvoll nach vorn blicken, losgelöst von den irdischen Gütern, mit einer Sicherheit, die stärker ist als jedes Versagen und jede Niederlage.

Jesus am Kreuz, die Mutter und der Jünger

Herr Jesus, wir verweilen betrachtend vor dir und bekennen, dass alles durch dich und in der Gnade von dir geschaffen worden ist. Du bist das geopferte Lamm, das uns vor dem Vernichter in Schutz nimmt; du bist das ewige Bündnis, das den Frieden des Herzens schenkt; du bist der Sohn Marias und schenkst uns deine Mutter. Mach, dass wir sie mit Liebe von dir in Empfang nehmen und dass wir immer mit ihr vereint sind.

Jesus stirbt am Kreuz

(Mk 15,33-39)

Als die sechste Stunde kam, brach über das ganze Land eine Finsternis herein. Sie dauerte bis zur neunten Stunde. Und in der neunten Stunde rief Jesus mit lauter Stimme: Eloï, Eloï, lema sabachtani?, das heißt übersetzt: Mein Gott, mein Gott, warum hast du mich verlassen? Einige von denen, die dabeistanden und es hörten, sagten: Hört, er ruft nach Elija! Einer lief hin, tauchte einen Schwamm in Essig, steckte ihn auf einen Stock und gab Jesus zu trinken. Dabei sagte er: Lasst uns doch sehen, ob Elija kommt und ihn herabnimmt. Jesus aber schrie laut auf. Dann hauchte er den Geist aus. Da riss der Vorhang im Tempel von oben bis unten entzwei. Als der Hauptmann, der Jesus gegenüberstand, ihn auf diese Weise sterben sah, sagte er: Wahrhaftig, dieser Mensch war Gottes Sohn.

Jesus stirbt am Kreuz

Herr Jesus, in jener Weise zu sterben bedeutet für dich, ganz bitter die Ablehnung aller zu spüren: der Hohenpriester, der Ältesten des Volkes, der Pharisäer, der Schriftgelehrten und auch der Volksmenge, die du so sehr geliebt hattest und die dir mit großer Treue gefolgt war, selbst an die abgelegensten  ten Orte (vgl. Lk 9,12). Es ist wahr, dass die Menge, die deinen Tod will, nicht die gleiche ist wie die, die dir Hosanna zugejubelt hatte. Aber im Anblick einer anonymen Masse verspürt man in gewisser Weise immer etwas Totalitäres. Du fühlst dich zurückgewiesen von all denen, die deine Botschaft nicht angenommen haben, wie von denen, die dich aus Angst im Stich gelassen haben. Du durchlebst gleichsam eine Art tragischen Scheiterns jener Sendung, die dir vom Vater aufgetragen war. Es ist diese Erfahrung fortwährender Ablehnung – auch heute, im Schmerz über die Ablehnung deiner Kirche und die Einsamkeit derer, die ihr dienen.

Herr Jesus, wir möchten dir unsere Treue und unsere Liebe anbieten, und wir beten dich kniend an, im Schweigen. Wir wagen nicht mehr zu sprechen und das auszudrücken, was wir vor diesem verwundeten leblosen Leib verspüren. Wir wissen, dass du aus Liebe zur Menschheit einen äußerst bitteren Tod stirbst. Wir spüren, dass das Geheimnis der Menschwerdung hier zu seiner Fülle gelangt. Jesus, der gehorsam wurde bis zum Tod, bis zum Tod am Kreuz, hat uns die Sicherheit gegeben, dass seine Liebe jede Sünde, ja sogar den Tod überwindet. So wird das Kreuz zur Schwelle, über die unablässig deine Botschaften der Liebe gehen.

XIV

Jesus wird ins Grab gelegt

(Mk 15,42-46)

Da es Rüsttag war, der Tag vor dem Sabbat, und es schon Abend wurde, ging Josef von Arimatäa, ein vornehmer Ratsherr, der auch auf das Reich Gottes wartete, zu Pilatus und wagte es, um den Leichnam Jesu zu bitten. Pilatus war überrascht, als er hörte, dass Jesus schon tot sei. Er ließ den Hauptmann kommen und fragte ihn, ob Jesus bereits gestorben sei. Als der Hauptmann ihm das bestätigte, überließ er Josef den Leichnam. Josef kaufte ein Leinentuch, nahm Jesus vom Kreuz, wickelte ihn in das Tuch und legte ihn in ein Grab, das in einen Felsen gehauen war. Dann wälzte er einen Stein vor den Eingang des Grabes.

Jesus wird ins Grab gelegt

Jesus, in der Finsternis der Erde und im Grabesdunkel hast du Gott gefragt, warum er dich verlassen hatte, und bleibst im Dunkel der letzten Ruhestätte in Erwartung der Auferstehung. Lass uns erkennen, dass es keinen Abgrund gibt, aus dem wir Gott nicht anflehen können. Erinnere uns daran,

dass unsere körperlichen, geistlichen und geistigen Prüfungen Teil deines Karfreitags sind, dass du sie mit uns lebst und sie in uns überwindest. Du hast, verwundet und vom Schmerz gequält, vor dem Sterben einen lauten Schrei ausgestoßen. Vernimm unser Schreien, gewähre uns, dass wir an den letzten Tag unserer irdischen Existenz kommen mit dem Willen, unseren Geist, unser Leben und unseren Tod in die Hände des Vaters zu legen.

Herr des Kreuzes, hilf uns, dass wir uns jeden Tag das Gesetz des Sterbens an uns selbst neu zu eigen machen, damit wir so leben, dass Gott, du und dein Evangelium den absoluten Vorrang haben.

Den Karsamstag erleben die Jünger in der Angst und Furcht vor noch Schlimmerem. Die Zukunft scheint für sie Niederlagen und zunehmende Demütigungen bereitzuhalten. Ihr Meister ist im Grab. Maria lebt vertrauensvoll und geduldig in einer Erwartung, denn sie weiß, dass sich die Verheißungen Gottes bewahrheiten werden. Auch an dem Samstag der Zeit, in der wir gegenwärtig leben, ist es notwendig, die Bedeutung der Erwartung neu zu entdecken, Licht zu haben für die Aufgabe, die uns bevorsteht und die uns durch das Geschenk des Geistes des Auferstandenen möglich geworden ist.

Jesus wird ins Grab gelegt

Herr, in deinem Geschenk der Liebe, in dir erkennen wir das Wort Gottes, das Mensch geworden ist. Wir haben die Wahrheit, die Schönheit, die Kraft des Glaubens verstanden, die du jedem Einzelnen von uns und allen in der Menschheitsfamilie und in der gesamten Gesellschaft, zu der wir gehören, anbietest: Bleibe bei uns für immer!

Via Crucis

Die Via Crucis, der Kreuzweg – aber das Kreuz ist in seiner Gestalt selbst „Weg in sich". Ja, es birgt in sich die Gesamtheit aller möglichen Wege, in der Verschiedenheit ihrer Richtungen, doch auch in ihrer Gemeinsamkeit, wo sie sich überschneiden. Und wie dies im Räumlichen geschieht, so vollzieht es sich auch je neu im Zeitlichen. Wege gibt es nur, wenn sie begangen werden. Auf denen des Kreuzes kommt und steht der Gekreuzigte. Während er in der Horizontalen vorangeht und Gestalt annimmt, deutet er in der Vertikalen auf das Niedrigste, auf den Abgrund – weit hinauf bis zum Himmel. Im Mittelpunkt steht die Krise – der Punkt, von dem man „in die Tiefe" fällt, wobei uns das von allem „Besitz" leer macht, aber das ist der gleiche Punkt, von dem aus man sich wieder aufrichtet –, und das Leben ist in seinem Ablauf von ihm abgeschnitten. Kein Sinnbild ist in gleicher Weise belebend. Seine ausgebreiteten Arme umgreifen alle Momente des Lebens, aber richten sie aus im Sinne des Einströmens einer Energie in ihnen, die sie übersteigt, die im tiefen Un-Endlichen und in der un-endlichen Höhe gründet. An jenem Punkt wird über die Zeitläufte „geurteilt" – was keineswegs bedeutet, dass sie negiert oder übergangen werden.

Der Logos, das Wort Gottes stellt die Verbindung wieder her, indem es sie durchschreitet, diese Wege des Kreuzes. Es ist der Logos, der sich in ihnen inkarniert: Es ist das Wort, das jeder geistlichen Selbstgenügsamkeit den Boden entzieht, sich aus leiblichen Gründen zu „erniedrigen". Das Wort ist das Maß, es ist Nahtstelle und zugleich Widerspruch zwischen jenen Wegen. Der Logos nimmt im Horizontalen des geschichtlichen Lebens in dessen ganzer Spanne Gestalt an – und im Mittelpunkt, im Herzen des Kreuzes überwindet es die Trennung zwischen Oben und Unten, zwischen dem ganz Niedrigen und dem Erhabenen; es birgt in sich die Möglichkeit des Aufstiegs wie die des Scheiterns. Es gibt keinen „garantierten" Weg. Es gibt keine Absicherung für den ans Kreuz gehängten Logos gegen den Widerspruch an den Wegen des Kreuzes. Die Abgründigkeit des Äußersten – und die der Ausflüchte im weiten Lauf der Zeiten –, sie bleibt stets offen.

Der Weg ist deshalb das Zeichen selbst des Kreuzes; die Via Crucis ist der Weg, den das Kreuz selbst ausdrückt, und nicht nur einfach der Weg, der zum Kreuz führt. Wir sollten in ihm nicht eine Art Methode sehen, die durch Leid und Erniedrigung zur Herrlichkeit führt; wir sollten darin den Logos erkennen, gleichsam als Matrix einer Unterweisung, einer paideía, wie das die Griechen in der Antike nannten. Der Kreuzweg birgt in sich gleichzeitig Erinnerungen, Drangsale und

Erwartungen des geschichtlichen Lebens in ihrem immanenten Transzendieren hin zu Gott „im Himmel" ebenso wie zum Bösen, zum Satan, zum Geist der Vernichtung, des Neins. Das Kreuz macht die Unüberwindlichkeit dieser Optionen sichtbar – und fordert uns auf, dass wir uns entscheiden: Es führt zur Krise. Es ist Zeichen des Widerspruchs, das gleichzeitig zur Entscheidung herausfordert. Es ist deshalb ein absolut dynamisches Zeichen, vorstellbar lediglich in seiner fortwährenden Anfrage.

Gekreuzigt ist, wer in der Widersprüchlichkeit dieser Wege festgenagelt ist – aber als Logos, das heißt als jene Lebenskraft, die sie annimmt und aufnimmt, die sie in sich „erlöst". Gekreuzigt ist, wer darin die Einheit der Gegensätze offenbar macht – jenseits jedweden abstrakten Dualismus, jeder intellektualistisch geprägten Erkenntnis. Gekreuzigt ist der Pilgernde, der diesen Weg aller Wege unermüdlich geht – eben um jene zu überwinden, die eindeutig zum Tod, zur Vernichtung führen. Sie sind jedoch – dessen ist er sich wohl bewusst – in der verbleibenden Zeit, mit anderen Worten: in der Geschichte dazu bestimmt, dass sie offen bleiben. Seine Entscheidung deutet auf die mögliche Erlösung. Wäre sie für uns wie eine Versicherung, würde das Kreuz zu einem bequemen Ruhekissen, auf dem man alles irgendwie übersteht, ein Idol des Aberglaubens, oder es würde zur statischen Ikone nachlässigen Glaubens.

Um den Einen steht deshalb in der Konvergenz der möglichen „Routen" das Kreuz – aber jener Eine hat sich durch den Leib des Gekreuzigten offenbart. Die Wunde, die jener Leib zeigt, ist der authentische Identitätsausweis des Einen. Sie ist Tod, doch aus ihr entspringt Leben. Der Eine in sich bleibt nicht darstellbar – gleichwohl manifestiert sich das Nichtdarstellbare durch die Wunden jenes Leibes. Das Einende vermag sich nämlich nicht in Worten auszudrücken – doch in seinem Leiden macht es der gekreuzigte Logos offenbar. Er offenbart es als Ausstrahlender: Der Eine, wenn er ganz Einheit ist, schließt in sich auch das eigene Aufgeben jeder abstrakten Einheit ein. Wir können ihn uns nur vorstellen durch die Art seiner Ausstrahlung, das heißt, das Kreuz zum Zeichen werden lassen, darauf deuten, ihn erwarten. Weist nicht auch der traditionelle Kreuzweg genau in diese Richtung der Meditation? Es handelt sich um eine Meditation über das Sinnbild radikaler Selbstentäußerung und unüberwindbaren Aufstiegs, tödlicher Verwundung und Göttlichkeit des Logos, der Erniedrigung und Verherrlichung. Die Gegensätze kreisen um den unsagbaren Einen – aber sie sind Lichtstrahlen des Einen. Das Licht des Einen, der dessen Quelle ist, bleibt unzugänglich – unterstellt aber die Sichtbarkeit der Gegensätze. Das Göttliche des Logos tut sich kund, es zeigt sich in seinen Worten selbst; es manifestiert das grausame Leiden des Gekreuzigten; es ist das Eins-Sein, das nicht sichtbar werden kann, wenn es sich nicht offenbart. Es ist dieser Eine, der sich manifestiert, indem er sich in der Wunde des Gekreuzigten verbirgt, nicht im Antlitz, im göttlichen Angesicht des Gekreuzigten.

Die Gemeinsamkeit der Wege, was sie miteinander verbindet, ist der nicht in Worte zu fassende Punkt, der alles manifestiert, seinerseits jedoch nicht darstellbar ist. Das Kreuz weist auf ihn durch die gekreuzigten Arme, noch mehr aber durch jenen Leib, der ihn verbirgt. An dem Punkt, wo die Kreuzwege einander entsprechen, werden sie nicht nur zum Zeichen für die notwendige Entscheidung zwischen dem schmerzhaften Aufrichten auf dem Kalvarienberg, dem Versinken in seinen Gegensätzen, dem Gehorsam gegenüber dem Weltlichen, sondern für das Schweigen des Einen, der jedes Schicksal in sich aufnimmt. Die Gestalt des Gekreuzigten ist nicht nur reale Gegenwart, die sich aufrichtet, sich verewigt, Vergangenheit, die zukunftslos wird und zugleich Schrei der Verlassenheit, der in sich das Gedächtnis der Drangsale und Zweifel einer mit Leib und Seele gelebten Existenz ist. Sie ist gleichzeitig Gestalt der unermesslichen Spannung, des unendlichen Transzendierens unseres Seins im Einen, das jedes Licht, jeder Widerspruch, alle Worte unterstellen müssen.

Wenn die Wege, die das Kreuz sind, all dies nicht „abbilden", dann scheitert die erhabene Ikone. Ist es ein vom Schicksal bestimmtes Scheitern? Ist das Erhabene des Daseins als unendliches Transzendieren nicht darstellbar? Oder muss sich der Transzendierende von der Welt lösen? Ist die Vorstellung, dass gerade dieser ans Kreuz gehängte Logos Bedeutung haben kann, blanker Unsinn? Dann wird der Kreuzweg nicht zu einer Parabel über das Opfer eines „Guten", er würde zu einer der zahllosen Geschichten über das Unrecht, das die Geschichte hervorbringt und dominiert. Aber damit könnte man nie der Tatsache zu ihrem Recht verhelfen, dass das Ereignis dieses Kreuzes eine ganze Zivilisation im Innersten geprägt hat. Um sich das zu erklären, muss man die Frage vielleicht in dieser Richtung stellen: Ist der Kalvarienberg, der Weg dahin nicht die direkte Route, die vom Elend zum Licht führt, sondern die tragische Frage nach der Einheit, die jede Vorstellung übersteigt? Der Weg sind die Wege, die im Widerspruch zwischen Leben und Tod stehen, „ausgestrahlt" von dem Einen. Das Opfer ist nicht das eines Meisters oder eines „Guten", sondern das des Logos, der Gott ist – eines Gottes, der sich in seinem Wesen als nicht in Worte fassbare Beziehung im Einen offenbart.

MASSIMO CACCIARI

Biografie

Carlo Maria Martini wurde 1927 in Turin geboren. Nach dem humanistischen Abitur trat er 1944 in den Jesuitenorden ein und wurde nach dem Philosophie- und Theologiestudium 1952 zum Priester geweiht. Es folgte 1958 die Promotion in Theologie an der Päpstlichen Universität Gregoriana; der Titel seiner Doktorarbeit lautete: „Die historische Frage der Auferstehung in den neueren Studien". Darauf folgte das weitere Studium der Heiligen Schrift am Päpstlichen Bibelinstitut, wo man ihm 1962 den Lehrstuhl für historisch-kritische Exegese übertrug und 1969 zum Rektor ernannte. In den Sechzigerjahren befasst er sich mit einer Neuausgabe des Neuen Testaments in griechischer und lateinischer Sprache, ein Werk von August Merk, und wurde Mitglied der Kommission für die Veröffentlichung The Greek New Testament. 1978 ernannte ihn Paul VI. zum Rektor der Päpstlichen Universität Gregoriana. In der Fastenzeit des gleichen Jahres lud der Papst ihn ein, im Vatikan die Exerzitien zu halten.

Ende des Jahres 1979 erwählte ihn Johannes Paul II. für den Bischofssitz in Mailand. Der 10. Februar 1980 war der Tag seines offiziellen Einzugs in die Mailänder Diözese. Gleich von Beginn an begann die Erfahrung mit der „Schule des Wortes", um eine Annäherung an die Heilige Schrift zu fördern, die in der Art der Geistlichen Schriftlesung der Tradition Rechnung trägt. 1983 wurde er zum Kardinal ernannt. Aufmerksam auf das aktuelle soziopolitische Geschehen und auf die großen Fragen unserer Zeit, nahm er die „Kapitulation" des Terroristen Ernesto Balducci entgegen, der als konkretes Zeichen für seinen Schritt seine Waffen in den Amtssitz des Erzbischofs sandte. In der Folgezeit begann 1987 die Reihe der Treffen über die „Fragen des Glaubens", die auch „Schule der Nichtglaubenden" genannt wurde und sich an Menschen wandte, die auf der Suche nach dem Sinn des Lebens waren.

2002 nahm Johannes Paul II. aus Altersgründen seinen Rücktritt als Erzbischof von Mailand an. So war er in der Lage, sich erneut dem Bibelstudium zu widmen, und lebte hauptsächlich in Jerusalem und Rom. In letzter Zeit wohnt er in der Niederlassung der Jesuiten in der lombardischen Stadt Gallarate, nordwestlich von Mailand.

Seine Veröffentlichungen sind überaus zahlreich. Thematisch sie sie weit ausgedehnt von biblisch-exegetischen Studien bis zur Veröffentlichung von Vorträgen und Forschungsergebnissen, von Kongressbeiträgen zu Hirtenbriefen sowie von der schriftlichen Fassung von Meditationen, die er bei Einkehrtagen und Exerzitien gehalten hat.

Bildnachweis

S. 15: © PLRANG / shutterstock
S. 16: © maelena / Fotolia.de
S. 18/19: © Mihail Jershov / shutterstock
S. 20/21: © george kuna / Fotolia.de
S. 22: © Inga Nielsen / Fotolia.de
S. 24/25: © olly / Fotolia.de
S. 26: © Kushnirov Avraham / Fotolia.de
S. 28/29: © Joshua Haviv / Fotolia.de
S. 30: © Roman Sigaev / Fotolia.de
S. 32/33: © Dejan Gileski / Fotolia.de
S. 34: © AlexGul / Fotolia.de
S. 36/37: © jscalev / Fotolia.de
S. 38: © Athombus / Fotolia.de
S. 40/41: © Raul Comino / Fotolia.de
S. 42: © Mikhail Levit / shutterstock
S. 44/45: © Norbert Werner / Fotolia.de
S. 46/47: © Noam / Fotolia.de
S. 48: © Victor B / Fotolia.de
S. 50/51: © Birute Vijeikiene / Fotolia.de
S. 52/53: © Sdanimel / Fotolia.de
S. 54: © Phish Photography / Fotolia.de
S. 56/57: © Ella / Fotolia.de
S. 58/59: © Cyril PAPOT / Fotolia.de
S. 60: © Yuriy Chertok / Fotolia.de
S. 62/63: © Sigen Photography / Fotolia.de
S. 64/65: © George Muresan / shutterstock
S. 66: © george kuna / Fotolia.de
S. 68/69: © voddol / Fotolia.de
S. 70: © george kuna / Fotolia.de
S. 72/73: © Kushnirov Avraham / Fotolia.de
S. 74/75: © george kuna / Fotolia.de
S. 76: © VICTORIA / shutterstock
S. 78/79: © AlexGul / Fotolia.de
S. 80: © Glenda M. Powers / Fotolia.de
S. 82/83: © Pavel Bernshtam / Fotolia.de
S. 84/85: © Yuriy Chertok / Fotolia.de

Alle Bibeltexte:
Einheitsübersetzung der Heiligen Schrift
© Katholische Bibelanstalt, Stuttgart